풀꽃 소리 듣다

본 도서는 한국문학예술진흥원 선정 우수도서입니다

풀꽃 소리 듣다

초판 인쇄 | 2024년 11월 27일 **저자** | 장지연 **펴낸이** | 김영태
펴낸 곳 | 도서출판 한비CO **출판등록** | 2007년 1월 16일 제 25100-2006-1호
주소 | 41967 대구시 중구 관덕정길 13-13 미래빌딩 3층 301호
전화 | 053)252-0155 팩스 | 053)252-0156 이메일 | kyt4038@hanmail.net
홈페이지 | http://hanbimh.co.kr   이메일 | kyt4038@hanmail.net

ISBN 9791164871520
ISBN 9788993214147(세트)

값 13,000원

*잘못된 책은 교환해 드립니다.
*저자와의 협의로 인지는 생략합니다.

풀꽃 소리 듣다

장지연 시집

시/인/의/ 말

길을 탓하지 말라

단 한 번도 너의 길이 꽃길인 적이 없었다
연무 낀 아스팔트 위
길은 있있으나 흐릿했고
흐릿하니 어떤 위험이 있는지 알지 못했다
터벅터벅 그 길을 걷다 문득
나팔꽃의 행렬을 따르기도 했고
연약한 꽃잎을 밟아 멍들게 하고
까슬한 낙엽의 신음을 만들기도 했다

단 한 번도 꽃길 옆을 지나지 않은 적이 없다
네가 세상에 나왔을 때
길 건너편은 화려한 벚꽃길이었고
생의 지하 터널을 통과할 때쯤
그 굴다리 옆엔 장미가 흐드러졌었다
보이지 않는 블랙 아이스가
음흉하게 함정을 파고
불특정 다수를 노리는 범행을 모의하고 있을 때도
길 가장자리에는 화려한 꽃들이 유혹했다
때론 움트는 새싹을 밟았고
때론 늙어 축 처진 풀을 밟아 짓뭉갰다
순례자의 길 가는 자의 고뇌 따윈
아랑곳하지 않은 채
길은 늘 흐릿하고 끝이 없다

오늘도 식어버린 사랑 만지작거리며
차가운 바람 따라
정착지 없는 버스 타고
흔들리며
혼신 다해 가을 피우는 길을 지나간다

새로운 도로가 태어나고
살던 이가 떠나자 기력 잃은 집은 무너지고
노쇠한 자동차들이 불구덩이에서 생을 마감하듯
숱한 탄생과 죽음을 곁눈질하며
자욱한 흐림이 배경인 생의 길

이 순간도 꽃길을 풍경으로 두른
끝없이 펼쳐진 희미한 길에 내몰렸지만
두 발의 자유의지를 꺾지 말기를
그댈 치유하는 펜을 놓지 말기를

초행자여
그 길에서 너는 사랑을 만나고
친구를 만나고
꿈을 만들어 가고 있지 않은가

　　　　　　　　-2024년 10월 어느 멋진 날에
　　　　　　　　　　　　　　은재 장지연

목/차

1부
외로울 땐 바람을 불러

사람아
그대도 외로울 땐 사랑 불러
바람 타는 꽃길을 걸어보라

엇박자의 미학_14
무지개_15
풀꽃 소리 듣다_16
스물 즉흥곡_17
스물 셋에게_18
수건과 딸내미가 나를 닦다_19
어느 날 문득_20
비행 중입니다_21
울 엄마 어디로 가시나_22
외로울 땐 바람을 불러_24
동경과 월지에 별이 내려와_25
내비게이션_26
사랑 나이_27
봄을 잃어버린 너에게_28
봄 편지_29
사진이 되고 싶어_30
장미 축제_31
꽃이란 이름으로_32
나의 플로라_33

2부
손 한 번 잡아주세요

붉어진 잎 따라 두근대며
물들고 싶을까 봐
멍하니 땅만 훑으며 외면합니다

달팽이_36
마른 꽃에게_37
봄이 분다_38
알리움처럼_39
꽃으로 살랑 1_40
꽃으로 살랑 2_41
손 한 번 잡아주세요_42
인연_43
다시 너에게로_44
상실의 시간_45
그해 여름은 길었다_46
나의 라임오렌지나무_47
핑계 같지만 때문이었다_48
익숙하거나 낯선_49
생(生) 앓이_50
우물에 빠진 날엔 모닥불을_51
워라벨(work-life balance)_52
섣달 그믐밤의 낙서_53
사가정역 오후 4시_54

3부
나무가 되어서

**그대의 계절은 어디쯤인가
아직 숨기고 있는가
천천히 보내고 있는가**

헛사랑_56
하여 아름다워라_57
메멘토 모리_58
나무가 되어서_59
이태원 애가_60
그 계절의 맛_61
밤 열한 시 종점에서_62
물은 흐르는 것이다_63
그리운 잔소리_64
더더더(more and more)_65
욕망에 대한 성찰_66
방황하는 오늘에게_67
데칼코마니_68
한낮의 단상(斷想)_69
음악 유영(游泳)_70
친구야_71
잃어버린 순수_72
우야꼬 2_73

4부
짙은 그리움이 가렵다

**예기치 않게 들려오는 그 이름에
되살아난 그리움
여름은 또 그렇게 가슴앓이로 후끈거린다**

내 고향은 그랬다_76
그 집의 상사화여_77
비렁길_78
짙은 그리움이 가렵다_79
푸른 밤 비는 내리고_80
바람이 머무는 곳_81
그루터기_82
궤변 1-정의하지 않을 권리_83
궤변 2-정의 내릴 의무에 집착하여_84
확언_85
논두렁 밭두렁_86
배타적 대화 단절_87
나는 섬이네 어쩜 영원히_88
망각의 파편들_89
수락산이 그립다_90
너도 꽃씨 하나 품어 봐_91
마음을 준다는 것은_92
나는 3시부터 설레고 싶어_93
고향의 봄_94

5부
나는 감동 없는 드라마

웃는 너의 눈 속에
내가 들어갈게
너는 웃는 내 마음에 들어와

WWW.세상_96
길에서 길 찾기 1_97
길에서 길 찾기 2_98
길에서 길 찾기 3_99
노을 서정_100
소유와 행복의 경계_102
나는 감동 없는 드라마_103
방황의 시작_104
머릿속의 언어_105
공항 가는 길_106
철새 떼를 따르다_107
당신의 꽃이 되기까지_108
눈물의 나라_109
어린왕자여_110
재촉_111
숫자의 굴레_112
청개구리에게_113
나는 타인이다_114
고상한 어느 혼밥_115

6부
달팽이의 꿈

**높이 오르는 대신 먼 길 도는
느린 달팽이로 살더라도
꿈꾸고 싶다**

반백 인생길_118
세상 속으로_119
흔들리지 마_120
매일 가방 싸는 여자_121
바람 따라_122
밤바람이 좋아 그대 생각이 나_123
공존_124
그 섬에 사는 바람_125
귀천_126
엄마 생각_127
여행 혹은 유배_128
빠지고 싶어_130
흐르는 걸 어이하랴_131
밤비 내리는 애월_132
파도의 꽃처럼 부서지는_133
갱년기의 아침_134
백허그_135
달팽이의 꿈_136

＊시인시선 해설_137

1부
외로울 땐 바람을 불러

사람아
그대도 외로울 땐 사랑 불러
바람 타는 꽃길을 걸어보라

엇박자의 미학

고장 난 다리로
절뚝걸음 옮긴다
반음씩 어긋난 박자 잃은 발자국
질질 따라가며 나름 리듬을 탄다
느리다 하여 가지 못할 곳 어디 있으랴
거울 속 얼굴도 나이 들어 처지고
마음과 말도 음치이긴 매한가지
사람이 사람을 대하는 마음도 어긋나
한 사람에게 지나치게 기울기도 한다
사랑과 미움이 널을 뛴다
뚜벅 뚜뚜벅 걸음으로 옮기는 하루
음정 박자 맞추기 무장 어렵다
무질서 속에서도 들길은 조화롭건만
다름 비비며 함께 살아가는 세상은
악보 없이 부르는 음치들의 아카펠라
귀는 혼란해도 파장에는 온도가 있다
살아가는 것이 아니라 살아지는 것이
삶이라 한들 어떠랴

완벽한 박자 아니어도
가슴 뜨거운 노래
음정 박자 따로 놀아도
아름다운 인생이다

무지개

눈보다 먼저 마음이 뜨여
너를 본다
입보다 먼저 가슴이 열려
고요가 요동친다
손을 뻗어 닿기도 전에
소망이 뜨겁다

얼마나 많은 물방울 모였길래
얼마나 열정적인 햇살 받았길래
그토록 아스라이 빛나는지

저만치 걸쳐 놓은
푹 젖은 사랑 하나
어디쯤에서 햇살 주면
습한 사랑의 상처에 빛 번져
일곱 빛깔 무지개로 뜰까
다시 한 번 가슴 뜨거워질까

풀꽃 소리 듣다

멋진 꽃다발이 되지도
뭇시선 사로잡지도 못하지만
벚꽃 가지 사이 몇 가닥 빛으로도
옹골지게 다문 잎 배시시 엽니다

탐스러운 꽃송이 부럽지 않아요
바람의 괴롭힘도 견딜만하죠
작고 초라할지라도
나는 피어
여린 잎 바람에 맡기고
외로움에 옅은 향 뿌립니다

거기 무표정한 행인아
꽃 미소 가만히 그려보세요
한낱 풀꽃이어도
이리 행복한걸요

스물 즉흥곡

들썩들썩 세포들이 돋아나 기웃거린다
책 속의 이론들이 정렬하고
숱하게 외운 공식들이 나열하고
영화 속 주인공이 되어 거리를 누비며
랩의 리듬 속에 희망 그려 넣는다

파릇하게 돋아난 스물의 세포들
이론은 이론일 뿐 공식은 꼬여가고
꿈꾸던 사랑도 미세먼지 속에 흐릿하다
여기도 기웃 저기도 기웃
희망과 현실의 간격을 유지하는 오선지 위에
희망과 꿈과 호기심이 화음을 이룬다

스물의 세포들이 두근두근
인생이란 무대를 위한 서곡을 그린다
빠른박 여린박 크레센도 데크레센도 아다지오 안단테
캠퍼스에 울려 퍼지는 아직은 서툰 즉흥곡
스물의 심장이 연주를 한다

스물 셋에게

주머니 가볍게 날아도
청춘은 눈부시다

날아라, 너는
넓은 세상 바람처럼
모네의 정원 지베르니 에펠 타워
시간이 잠든 그리스에서
예술과 역사와의 만남이
아직은 스펙 한 줄 만드는 것보다 소중하리니

웃어라, 너는
한 떨기 풀꽃처럼
낯선 곳 낯선 사람
낯선 설렘과 두려움이
너를 물들이고 키우리니

깨어 있으라, 너는
자유롭게 날고 넓게 보렴
비어 있는 공간 차오르게
네가 살 세상은 다름을 인정하는
조화로운 터전 되게

수건과 딸내미가 나를 닦다

새하얀 자태로 얼굴 위에서 거드름 피우며 날마다 새로이 고고하기를 바랐건만 청바지와 청춘 젊음과 땀이 뒹굴면서 물들고 시크한 블랙과 어울리다 이도 저도 아닌 잿빛으로 변하길래 앞으론 홀로 독야청청하게 하리라고 다짐했다가 너나 잘하라는 핀잔을 들었다

일 초의 망설임도 없이 푸르딩딩한 말로 그렇게밖에 말 못 하냐는 속사포 같은 말 감추고 내 마음 몰라주니 서운하다며 돌아서는 뒷덜미 까칠하다
수건이 무슨 죄가 있겠는가

뒤늦게 꾀죄죄한 말을 눌러 닦았다

청바지보다 퍼렇게 멍든 감정을 알아챈 후에야
빈약한 말 그릇 바닥을 보았다

허접한 수건이 기어이 나를 비웃고 쓴소리 던진다

새삼스럽게 왜 그러나

부족한 맘 그릇에서 빈 울음 들린다

어느 날 문득

아침 햇살이 초록에 번지듯
내 안에 가득 차버린 당신

가실 때도 그리 가시려나요
아침 이슬 걷히듯 그리 말없이

그땐 추억만 남아 피고 지겠죠
그리움만 남아 출렁거릴 테고

비행 중입니다

구름 아래 또 구름 그 아래 파란 하늘
물 알갱이들이 아래로 퍼지며
그네들만의 유희를 펼치고
차가운 가루로 대화를 나눈다
바다를 하늘이라 부르는 새들이 아래를 걷고
그 아래에는 새들이 난다고 생각하는 인간들이 걷는다
그들은 하늘이 위에 있다고 믿는다
자전하는 지구 등판에 두 발을 딛고 서서
거꾸로 매달려 있으면서도 위치를 자각하지 못한다
투명한 인식의 중력에 매달려
지구도 돌고 인생사도 돌고 돈다
그들은 하늘이 아래인지 대지가 위인지
우주의 섭리를 망각하고
교만과 아집과 욕망의 늪에 갇혀 꿀꿀거린다
뛰어봐야 벼룩이라 했던가
겨우 삼차원 공간에서 뒤뚱거리고 있는 줄도 모르고
확증편향(確證偏向) 오류를 반복하며
하늘을 이고 가다 밟고 가기를 반복한다
구름 배꼽만 올려다보다 정수리를 내려다보는 순간
오만으로 빨개진 눈 치켜뜨고
손가락만 움직이는 먼지 한 점에 불과한 미생(微生)이
구름과 삶의 시름을 가르며

울 엄마 어디로 가시나

1
아이고 말도 마라
어릴 적에 울 오빠가 나를 그리 이뻐했니라
근데 시집을 와본께
되감기로 재생된 아련한 이야기는
어제처럼 선명하다
적당히 각색되고 미화된
푸른 청춘으로 날으시는 울 엄마

아이고 세상에 이런 법이 어딨다냐
아껴 모은 돈을 누가 다 훔쳐 갔다
다시 시작되는 푸념은
망상과 분노로 오역된 미스터리다
뇌 골짜기를 스멀스멀 덮어오는
뿌연 습기로 젖어 드는 울 엄마

2
아이고 나 좀 봐라
내가 약을 먹었을끄나 안 먹었을끄나
방에서 이리저리 서랍을 뒤적뒤적
몇 분 전의 기억을 더듬는다
궤도를 벗어나 길 잃은 시간을 찾느라
현재를 소유하기 어려운 울 엄마

아이고 저 푸른 나무 좀 봐라
한때 꽃 이뻐드만 곧 단풍 들고
겨울 되면 옷 다 벗고 가겠구나
나무나 꽃이나 사람이나 다 똑같은 갑다
나는 안 늙을 줄로 알았니라
한순간 쓸쓸한 철학자의 미소로
창밖을 응시하는 울 엄마

외로울 땐 바람을 불러

꽃은 춤추고 싶을 때
바람을 부른다
꽃은 외로울 때 바람을 불러
제 향기를 태운다
그러면 바람은 외로운 사람에게
꽃향기를 배달한다

바람이 지나갈 때 풀들은
서로의 상처를 어른다
오후의 햇살이 들길에 주저앉아
꾸벅꾸벅 졸면
흔들리는 풀잎 사이에서
꽃봉오리 터지는 소리가 들린다

사람아
그대도 외로울 땐 사랑 불러
바람 타는 꽃길을 걸어보라
꽃 찾아 연한 속살 비비는 바람처럼
아픈 속내 비벼 멀리멀리 날려버리게

바람을 불러 보아라

동경과 월지에 별이 내려와

호수에 길게 시간을 묻고
높고 푸르게 뻗친
천년의 뿌리와 역사는
밤이면 잠에서 깨어
알랑알랑 무덤가 거닐며
사라지지 않을 꿈 속삭이는가

총총 빛나는 별을 따다
왕관을 엮자고
층층 쌓이는 빛을 풀어
영원의 옷을 짓자고

겨우 반백 년의 사람아
네 안의 찌꺼기 꺼내
솟은 무덤가에 묻어 두면
그대도 반짝이는 별 될 거라고

내비게이션

거미줄보다 복잡하게 얽힌 길
땅 위에
땅속에
하늘 위에
바다 위에
사연 많은 길 위에
역사 없는 줄이 그어지고
목적 잃은 사람들
좀비처럼 떠돈다
안개보다 자욱하게 얽힌 길
네이버와 구글에
유튜브와 인스타그램에 가득한 정보
똑똑한 Chat GPT가 생각을 대신하니
사유를 잃어버린 사람들이
타인의 생각을 먹고 입고 쓰면서
배부른 돼지가 되어간다
스스로 길을 찾지도 못하고
생각하는 힘조차 잃어버리고
정보의 홍수에 떠밀려 가는
시력 나쁜 호모사피엔스에게 그녀가 단호하게 말한다

"경로를 벗어났습니다!"

사랑 나이

사랑에도 나이가 있다
한 살의 사랑은 조건 없이 받는 사랑
열 살의 사랑은 투정으로 받는 사랑
스무 살의 사랑은 받고 싶은 뜨거운 사랑
서른 살의 사랑은 책임지는 사랑
마흔 살의 사랑은 희생하는 사랑
쉰 살의 사랑은 주고받는 평등의 사랑

무조건 받던 사랑
갈구하고 갈망하던 달뜬 사랑
빼앗고 쟁취하려 움켜쥐던 사랑
참고 견디느라 서러운 사랑 지나고
주고받는 사이의 균형 맞추느라
흔들리는 사랑 진행 중이다

예순 살의 사랑은 어떤 감정으로 진화할까
잘 나이 먹은 중후한 사랑으로 진화하고
사랑 일흔 살 지나 여든 살
사랑 아흔 살 그리고 백 살이 되면
인류를 다 포용할 만큼 성숙해질까

봄을 잃어버린 너에게

과거에 꽂혀 추억으로 살다가
목이 잘린 들꽃이더냐
투명한 상자에 갇혔어도
가시지 않은 향 숨기고
기어이 봄은 피어나니
너는 꽃맞이 채비를 하거라

끝나지 않은 오늘을 무덤덤하게 살며
영원히 오지 않을 내일을
멍하니 기다리느냐
오롯이 피어 싹 이끌어 우거질 준비하며
그렁그렁 맺힌 눈물 몇 차례 삼킨 후
봄은 열매로 끝을 맺나니

아픔일랑 댕강 잘라 교훈으로 삼고
떠난 임일랑 짓이겨 향으로 간직하고
걱정일랑 툴툴 털어 지금을 누려라
꽃은 오늘의 행복
봄은 내일의 희망
너는 생의 마지막 선물이다

봄 편지

살아라, 살어
부는 대로 흔들리며
바람이 불잖아

웃어라, 웃어
향과 색이 피우는 대로
꽃이 피잖아

죽으라고 부는 바람 없고
울라고 피는 꽃도 없단다

살자, 살으자
대지가 제 살 갈라 잉태한 풀꽃이
기지개 켜며 단 내음 보내잖아

사진이 되고 싶어

그날 머리카락을 간지럽히던 바람이
미소를 만들고 웃음을 만들었지
따스한 햇볕이 부드럽게 스며들어
너의 눈빛을 그윽하게 했어

떨리는 마음도 혹여 찍혔을까
천일홍 꽃밭에 들어가
카메라가 나를 보고 웃을 때
붉게 물든 나도 한 송이 꽃이 되었지

너무 보고파서
너 없는 곳에 홀로 앉아
그때 그 바람 그 햇살 그 떨림을 느껴

사진이면 좋겠다
옆에 앉아 네 눈 지그시 바라볼 수 있게
환한 마음이 햇빛보다 강했던 날처럼
영원히 너랑 함께 있을 테니까

장미 축제

흐드러진다는 건
물든다는 건
향기 흘린다는 건

살아있다는 것

웃고 살라는 것

하시절 추억이
무리지어 핀 오월에는

너도 나도 꽃이다

꽃이란 이름으로

나를 황홀케 하려고
너는 요란하게 피었다

행복도 찰나임을 알게 하려고
너는 허무하게 졌다

어느 봄날에
한 인연이 내게 꽃으로 와

피었다

졌다

나의 플로라

넌
어떤 꽃이 젤 좋아
장미가 물었다

난
지그시 눈을 감고
장미 향을 안았지

넌
어떤 사람이 젤 좋아
그이가 물었다

난
가만히 그이 손을 잡고
내 미소를 주었지

2부
손 한 번 잡아주세요

붉어진 잎 따라 두근대며
물들고 싶을까 봐
멍하니 땅만 훑으며 외면합니다

달팽이

풀숲에 젖은 물기 핥으며
더듬이 세우고
수분을 감지하며
느리게
느려터지게 가고 있다

느리게 느려터지게
너의 기억을 잃어가며
추억을 더듬는 뇌리에
보이지 않는 더듬이
내게도 있어

촉촉이 젖은 길가에
그만 주저앉는다

마른 꽃에게

시간의 장벽을 견딘 의지
피고자 한다면
때가 무슨 문제 될까

나도 청춘 부르짖는 그대
여적지 피고 견디는
팔월의 장미

보아라

피었다

봄이 분다

봄은 새 생명이 나기도 하고
한 많은 생명이 지기도 한다

나라를 빼앗긴 들에도 나라를 팔아먹은 궁에도 산수유는 피었고 매화는 터졌더라고 그 봄에 배부른 백성 위해 나라 넘긴 왕은 탄일을 축하하는 잔치를 열었고 나라 되찾으려는 헐벗은 민초들과 도마는 목숨을 도둑맞았다고

이 봄날 바람이 건너온다
하얼빈에서 숨죽였던 그가 바다 내음 은은히 배어서는 여순에서 순해져 맥이 꺾였다가 긴긴 세월 돌고 돌아 여기서 또 봄을 알린다

작고 짓밟힌 것들이 피우는 봄이
더 진하고 곱다
마르고 메마른 것들의 소생이
더 어여쁘고 귀하다

시작이기도 하고 또 끝이기도 한 봄은
저마다 향과 색으로 사유하게 하고
끝끝내 자유의 바람을 이끈다

알리움처럼

잎을 몽땅 녹여 내리고
민머리만 덩그러니 말라서
죽었느냐 물어도
살아있느냐 물어도
침묵으로 근육 키우며
긴 시간 색을 감추고 있는 그대여

체념의 임계점에서 살아나
실뿌리 하얗게 내리면 대롱 올려
노란 연민의 수선화로
보라 향 짙은 히아신스로
잎 마디마다 붉은 글라디올러스로
나오기는 할 테냐

말의 뿌리도 언어의 싹도
말라붙은 민 가슴 박박 긁으며
때를 기다렸다가 널 부르면
한 줄의 시꽃으로 몽글댈 테냐
슬프지만 아름다운 알리움처럼

꽃으로 살랑 1

아직도 꽃이라 자아도취 중인 내게
인생의 봄은 지났다며
시든 아젤리아라 농을 던지는 아이야

시들어도 꽃인 게야 아무렴 그렇고말고

시간은 둥글게 또는 모나게 굴러가지만
나는 누가 뭐래도 꽃으로 살련다

늘 웃으며 밝아지는 나
그로 인해 웃어주는 그대
난 오늘도 꽃으로 살고 있고
내일도 꽃으로 살고 싶다

아름답지 않으면 곱게
그 시기 지나면 잘 말린 드라이 플라워가 되어
지나가는 바람에 맥없이 날리면 그것도 좋겠다
바람의 길동무로 생을 마감할 때까지

꽃이고 꽃으로 꽃처럼 살고 싶다

꽃으로 살랑 2

모두 쓰임이 있었던 것이지
다 자기 자리가 있었던 거야
빈 가슴에 한 사랑 심었더니
무성한 가시도 자라고
몇 개의 상처와 옹이도 생겼어

눈물도 세월 지나니 숙성되어 향긋해지고
사랑 고인 자리에 꽃이 피었더라

모자란 나를 채우고
빈 나를 보며
그리 곱게 피어서 웃는
딸꽃 두 송이

손 한 번 잡아주세요

그대의 하늘에는 시방도 별이 총총합니까
영영 그대를 떼어 놓고도
어둠 가르는 별빛 보고 따라 반짝일까 봐
차마 하늘을 올려다보지 않습니다

그대의 바다에는 하염없이 윤슬 찰랑입니까
긴긴 사연 줄임표로 끝냈기에
바람에 파시시 우는 파랑에 무너질까 봐
아직 그 물가를 멀리합니다

그대의 산과 들에도 꽃이 폈습니까
건널 수 없는 선 그어 놓고도
붉어진 잎 따라 두근대며 물들고 싶을까 봐
멍하니 땅만 훑으며 외면합니다

그대의 하늘에 별로
그대의 바다에 물결로
그대의 산들에 풀꽃으로
억겁의 윤회 지나 스치거든 그대도
가만가만 손 한 번 잡아 주시렵니까

인연

바람이면 족하지요
가끔은 시원한 스침으로

바람이면 족하지요
가끔은 입김처럼 간질이는

바람이면 족하지요
가끔은 머리 띵하도록 강렬한

문득 와 닿음이 기분 좋은
정신 번쩍 들게 맴도는
무엇이든 하나쯤 흔들고 가는
질척대며 들러붙거나 소유하지 않는
고인 무료에 갇히지 않는

늘 새로운 바람이면 족하지요

다시 너에게로

소리도 느낌도 눈물도 없는 노래
퍼석거리는 가을이
누추하게 말라가는 이유를 묻다
돌아선 빛을 그리워하는
구절초 얼굴에 서리 찬 바람 때문일까
꽃은 미소를 가두고 향기를 닫았다
노래는 음을 잃었고
사랑은 색을 벗었고
이상은 방향을 헤매니
나는 영영 너를 놓았다
은유 없는 세상에 아주 가두고
귀먹고 눈멀어 피를 식힌다
주검들 그리 말라 길바닥을 뒹구는
시간의 그것들이
까마귀 울음에 들썩거리는 섣달에는
무덤 속에서 너를 꺼내어
시 속에 묻으리
다시 봄날 혹여 움트면
다시 또 시처럼 네게로 가고파

상실의 시간

길을 잃었다

시선이 말라가니
풍경도 사랑도 바뀐다

시들어가는 화초
물 몇 잔에 생기 도는데
저물어가는 사랑
무엇에 그 설렘 돌아올까

너를 잃고 나서

나를 잃었고

시마저 잃었다

그해 여름은 길었다

과거는 지나쳐 온 오늘의 상처들
미래는 막연히 꿈꾸는 오늘의 망상들
현존하는 여기 이 시간이 선물이 아니라면
내일은 언제나 후회의 무덤

뜨거운 것들이 울렁거린다
계속 이어지는 불길한 징후
계절은 깊숙이 파고들어 열기를 토하다가
물 폭탄을 버린다

약속된 날은 기어이 오고야 만다
시간은 쉼 없이 지나가고
하염없이 떠밀리는 궤도에서
선택의 여지는 없는 현실
지구는 열병을 앓고
사람은 이성을 잃고 이념만 불태운다

외로운 싱글들은 지쳐가지만
스미는 아픔과 허무라도 공유하며
사소한 일상에서 혹시나 남아있을 행복을 더듬자
제아무리 세상이 미쳐갈지라도

나의 라임오렌지나무

소중한 이와의 이별이 가까워진다
시간이 핥고 지나가면
엉뚱한 생각의 꽃이 지고 나무가 된다

내 머리에도 꽃이 피었다
꽃을 피웠으나 셀 수 없이 흔들린다
허기진다

어른이 되면 상상의 날개가 꺾여 날 수 없다고
더는 나무와 친구가 될 수 없다고
눈물로 이별하던 라임 같은 아이
'뽀루뚜까'를 죽을 만큼 그리워하던
제제가 보고 싶다

내 안에는 아직 자라지 못한 아이가 있다
이제는 내 머리에도 흰 꽃 피었고
품에서 웃고 울던 첫 사랑꽃이
짝 찾아 떠날 준비를 하는데

핑계 같지만 때문이었다

냉기를 거둔 물가에 서면
피의 흐름이 역류하고
시간의 흐름도 방향을 튼다
회귀하는 연어의 처절한 퍼덕거림에 몸살 난 물살
연어의 비늘처럼 떨어져 떠밀린다

수량이 줄어든 추억의 강에 뜨거운 피가 마르면
시간도 먼 데로 간다
비도 바람도 온화한 빛도 짜릿하게 스미던 눈도
모든 순간이 좋았던 감정은 흉터가 되고
한때의 사랑은 식어버린 커피처럼 텁텁하다

날씨가 참 좋다고 말했지만
곁에 있는 낯섦이 좋아서란 걸
강가를 떠도는 바람은 알고 있었을까
말할 수도, 건드릴 수도 없는 비밀은
물 위를 떠도는 역린이었다

물총새가 미끄러지던 그날 그 시간
그들의 피는 뜨거웠고 바람은 차가웠다

익숙하거나 낯선

혼자 밥알을 센다
무심히 훑는 햇살에 오후의 무료가 섞여 먼지로 뜬다
부유하는 작은 물질에 뒤틀린 심사가 달라붙는다
현관에 신발이 놓였다 또 한 켤레가 비틀어진 상태로 꼬고 엎어져 있다 방문이 하나 닫힌다 정체 없는 요란한 음악이 에어팟에 갇혀 울려댈 것이다

방마다 불이 켜지고 주인의 눈을 흡수한 스마트폰만이 스킨십에 뜨거워진다 손가락 따로 입 따로 선택적으로 원하는 소리만 듣는 귀 태초에는 하나였다던 장기들이 따로 논다 한 공간에 모여 있으나 몸은 해체되고 정신은 빛의 산란으로 부서진다 말은 갈 길을 잃었고 귀는 수련잎처럼 띄엄띄엄 열려 있다 눈은 깜박거리는 것도 잊은 채 푸른빛이 도는 영상에 머문다 혼자였다 아니 아무도 알아채려 하지 않았다

눈 여덟 개가 반짝여도 귀 여덟 개가 팔랑거려도 네 개의 입은 각기 다른 장르를 읊조리고 네 개의 심장은 표류하다 부딪쳐 조금씩 금이 생겼다 각기 다른 시간에 눈을 감고 각자의 별나라를 꿈꾸며 새벽 두 시의 공기가 차갑게 식어가는
포노 사피엔스들의 저녁

생(生) 앓이

한 호흡 참을만하다
두 호흡 그럭저럭 참을만하다
세 호흡 정도는 괜찮아
네 호흡 오기로 버텨본다
그리고 고민한다
그냥 나가지 말까
숨이 턱 밑까지 차올라
벌컥벌컥 코로 들어오는
짜고 매캐한 호흡을 마셔버렸다
그리고 눈으로 후회를 토하고
가슴으로 그대를 토하고
한숨 내쉰다
두 숨 내쉰다
셋 호흡에 하늘을 마시자
넷 호흡 째 쏟아지는 눈물, 아 눈물
내가 나를 쑤신다
참았던 호흡이 욱신욱신 쑤신다
그렇게 새싹 하나 힘을 내면
봄이 시작되는 거야
그러니 그러하니
움츠린 너도 다시
용기를 내 나와야 한다

우물에 빠진 날엔 모닥불을

연약했고
향기로웠고
풋풋했다고 말해도
너는 낙엽이라 불리지

꿈이 있었고
희망이 있었고
사랑이 있었다고 소리쳐도
줄임표만 계속 찍히는
너는 마른 꽃
너는 지독한 고립에 갇힌 냉기야

타닥타닥 불꽃이 오른다

워라벨(work-life balance)

면사포처럼 수줍음에 안긴 새벽이 서성거릴 때
아침의 시는
우윳빛 쌀뜨물에 담겨 텁텁한 국물에 잠겼다가
고춧가루에 섞여 슬쩍 날아갔다가
달그락거리며 설거지통 세제 거품 속에 묻힌다

창문 없는 방에 갇혀 몽롱해질 때
오후의 시는
모니터 빛에 충혈된 눈 부릅뜨고
상사 지시에 두 귀 차렷하고
세포 하나하나 바삐 여닫느라 시름시름 앓는다

시는 자연을 떠나 현실에 묶였다
꽃의 찬양을 멈추고 인간의 비위를 맞춘다
화장을 멈추고 딱딱한 자판을 두드린다
새로운 코딩 언어로 현실을 파악하며
월급쟁이 시는 방황 중

섣달 그믐밤의 낙서

세파 그 큰 흐름에 넘어질세라
두 눈 힘주고 정신 줄 다잡는 사이
매서운 칼바람 냉정한 일침으로
해 마무리 심판대에 세우는가

탈 많은 한 해여서 눈송이 굵은 걸까
흉을 감추고 가리려 했더냐
앙상하게 드러난 돌부리와 통나무 줄기 보거라
그런다고 옹이는 감춰지는 게 아니란다

동장군의 칼날이 섰다
차가운 것이 어둠마저 투영한다
달의 미소도 어색하게 굳어버린 밤
조명만 현란할 뿐 민심이 얼었다

정지간이며 뒷간까지 팥죽 뿌리며
무탈과 안녕 용서와 복을 빌던 어미의 마음으로
이기적인 냉정을 녹여라
새로운 세상을 향한 뜨거운 가슴이여

사가정역 오후 4시

수증기 안에 갇힌 카페에서
식어가는 커피의 쓴맛과
고독한 단맛의 여유를 누린다

갈피 없는 추억을 넘겨보고
주파수 없는 채널 돌려 널 부르며
눈물이 터지기를 기다린다

자동차 경적이 유리창을 뚫고 들어와
깊숙한 곳에서 파장을 만든다

곧 비가 올 모양이다
장맛비란 명찰을 달고

약속도 없이 기다리는 빈자리 주인
이름도 없는 네가 올 리가 없지

곧 비가 올 모양이다
쓸쓸하다는 수식어를 달고

3부
나무가 되어서

그대의 계절은 어디쯤인가
아직 숨기고 있는가
천천히 보내고 있는가

헛사랑

세상에서 가장 값진
블루 다이아몬드보다 빛나던 존재가
길가에 뒹구는 돌멩이보다
보잘것없는 존재가 되는 거

추억도 되지 못하는
잊힌 일화로
기억의 뒤안에서
풀도 나지 않는 무덤이 되는 거

하여 아름다워라

혼신 다해 치닫는 절정
그 후 완전한 추락
마지막은 그렇게 미련이 없게

날개 잃은 죽음을
말없이 모으는 무념의 비질
남은 자의 사랑으로 흔적 모은다

낭만 그 너머의 삶을 치우는 환경미화원
낙엽 또 낙엽 내려앉은 자리
눈 또 눈 쌓여 언 자리 한 귀퉁이에
바스락거리는 추억까지 담는다

단풍보다 고운 그들의 노고에
잘 익은 가을이 고개 떨군다

메멘토 모리

입술을 탐하고
혀를 유혹하고
심장을 요동치게 하는 실체들

술이 사랑이 철학이 그랬다
일이 공부가 욕망이 그랬다
돈이 명예가 정치가 그랬다

삶이란 한 번쯤 취하는 것

하지만 끝까지 깨어 있으라
절정에서 다시 회귀하라
무엇에도 지배당하지 말라

청춘이여
정신줄을 놓지 말아라

나무가 되어서

봄에는 꽃이 나무를 피우고
가을엔 나무가 스스로 꽃이 된다
여름나무는 바람을 은밀하게 숨기고
겨울나무는 바람을 냉정하게 버린다

사람아, 그대는 언제 꽃 피고
언제 온몸을 불사르고
언제 감추고
언제 다 벗는가
그대의 계절은 어디쯤인가
아직 숨기고 있는가
천천히 보내고 있는가

바람을 보내버린 쓸쓸한 나무는
시리도록 서러운 시간을
맨살로 버티고 있다
사랑을 보낸 외로운 영혼의
초점 없는 시선이 꽂힌 자리에
싹 하나 틔우고

이태원 애가

단풍보다 먼저 진
피다 만 꽃송이들
낙엽이 바스러진 이태원 거리
비명 요란한 그곳에 treat은 없었다
나는 그대들 앞에서 하얀 눈물 받고 싶지 않다
숱한 사연들 하나하나 간직하여
향기로 전하는 게 나의 임무이지만
어린 영혼 앞에 놓여있기는 정말로 싫구나
애통함이 터져 길 위에 놓였다
그대들의 재단을 층층이 장식하며
원통의 마음 겹겹이 올려 뿌리 없는 꽃 피운다
성인이여 성자의 날이라 하지 않았던가
당신들의 재단에 바칠 단것이 부족하여 데려가는가
어린 영혼들의 길을 밝히려
희고 탐스럽게 꽃 피운 게 아니었지만
시월의 마지막 밤 이태원 골목에서 공포에 떨며
Trick or treat을 외치는 영혼들의 밤을 지키노라
인제 그만 분장 지우고 집으로 돌아가라고
깨워도 불러도 대답 없는 영혼아
영생의 길에서 사랑꽃으로 다시 피어나거라

-2022년 10월 29일 이태원 참사의 희생자를 애도하며-

그 계절의 맛

가을보다 먼저 사람이 물드는 도심
나무보다 먼저 여자가 물드는 강변
가을 햇살은 음악을 찾게 하고
음악은 추억을 되불러 온다
태양의 뜨거운 눈빛도 바람의 시원한 입김도
거대한 유리창 안에서 연출하는 드라마의 보조 요소
엑스트라 1. 2도 아닌 잉여 인간 일지라도
저마다는 주연
인생을 연출한 감독은 몰라도 너는 안다

사랑보다 먼저 노을이 물들었다
좁은 스피커에서 흘러나온 잔나비 노래가
이방인의 쪼그라든 정서의 거리를 좁힐 때
산과 들은 맛이 든다
저마다 청춘의 푸른 잎을 저장한다

지지 말라 그대
잊지 말라 세상아
가을은 슬퍼도 아름답고
너는 세월에 묵혀져도 곱다
계절은 성숙해서 맛있고
너는 네 나이만큼 멋지다

밤 열한 시의 종점

수레에 돌돌 말린 파지 뭉치
깻잎 깔고 누워 말린 김밥
한 줄 받아 든 시커먼 손가락이 떨렸다
굶주린 손에는 진수성찬이었을까

아이고 세상에 오늘 밤엔 배부르게 자겠네

공허한 그 메아리와 이빨 빠진 미소
밤이 깊도록 지워지지 않는 삶을 끌고 가는 소리
누가 그의 목에 멍에를 걸었나
배부른 위가 부끄러워 꿀렁거린다

술 한 잔의 정 나누며 배부른 사치를 누리는 무리를 여래불이 곁눈질한다 손수레에 피로만큼 쌓아 올린 업보를 한 짐 싣고 구걸하는 배고픈 수치가 김밥 한 줄의 인생을 끌고 간다

그가 누울 자리에 온기가 돌기를
밤 별들의 속삭임이 그의 곤한 쉼
자장가가 되어주길
여기가 아직은 그의 종점이 아니길

물은 흐르는 것이다

그대 손안에 무엇이 보입니까
가득 차 있는 게 무엇이고
텅 비어 있는 것은 또 무엇입니까

낯선 필리핀 히든밸리 온천수에
왜 여기까지 왔느냐는 물음이 섞여 있더이다
비우러 왔다고 답했습니다
폭포수에 세찬 물매를 맞다가 알았습니다

물은 뒤 돌아보지도 고이지도 않더이다
다 차면 그냥 넘치는 것이더이다
흐르게 내버려두면 그냥 비워지더이다
내가 가진 것은 이미 손안에 없더이다

흐르지 못하게 움켜쥔 탐욕만이
마음에 부유물이 되어 맴돌 뿐이더이다

그리운 잔소리

아가, 밥은 먹고 다니냐
얼굴이 수척하네, 내 새끼
어깨 늘어뜨리고 다니지 말어
세상이 흉하다지만 그래도 따뜻하더라

아가, 잠은 잘 잤냐
낯빛이 어둡네, 내 새끼
얼굴 찌푸리고 다니지 말어
속상한 일 많지만 웃을 날도 많더라

새가 날려고 얼마나 퍼덕거리는지
꽃이 피려고 얼마나 떠는지 아냐
너도 꽃 피우려고 꿈 나래 펼치려고 힘든 거여
배곯지 말고 너답게 당당하게 살어

마음에 비 내리면
말라버린 탯줄 타고 올라오는 목소리

더더더(more and more)

더 많은 사랑을
더 많은 돈과 명예를
더 많은 자유를 원하며
더 많은 고통을 움켜쥐는
바보들의 시간에 갇혔습니다

진자운동을 멈추지 않는
욕망의 두 그림자여
프로테우스의 허상을 꿈꾸나요
궁핍과 무료의 거리에서
채워지지 않는 허기
행복은 가시지 않는 목마름입니다

장이 열리면 침을 흘리며
빨강과 파랑 사이에서 가슴 조이며
부자의 꿈을 좇고 있나요

탄탈로스의 형벌인 줄 어찌 모르나요

욕망에 대한 성찰

그대가 보고 싶어 눈을 떴고
그대 목소리 들으려고 귀를 열었고
그대 느끼려고 손이 생겼다고
나는 믿어요

그대는 내 이성이 추구하는 욕망의 본질이죠
그대가 그리워 시를 읊조리고
보고파 중얼거리던 시는 노래가 되고
간직하고픈 욕심으로
그댄 캔버스 속 고고한 그림이 되었죠

그대는 통제할 수 없는 재채기로
눈먼 나를 이끕니다
나는 고삐 풀린 망아지예요
흐드러진 봄이 춤을 추는 사월
절름거리며 다가오는 그대여

펼친 손으로 허공 휘저으면
숨은 무지개 조각 보이겠지요

방황하는 오늘에게

뜨거운 사랑이 있었다
온몸을 뜨겁게 달구기도 하고
심장이 빠르게 뛰어대던 날도 있었다
잠시도 헤어지기 싫었던 시간도 있었고
치열하게 싸운 적도 있었다
극한 사랑과 미움이 끝점까지 다다른 적도
천국과 지옥의 경계선을 넘나들 때도 있었다
소모되어 왔던 게 아니라 삶의 터전을 일구며
계속 성장했는지도 모를 일이다
한 발 떨어져 보니 숨이 살아난다
사랑은 누군가가 주는 게 아니라 내가 하는 거야
인정은 누가 해주는 게 아니라 스스로가 하는 거야
내 인생의 주인은 나이지만 너도 너무나 중요해
나는 헛살아온 게 아니라 잊고 살았던 거야
내게 소중하지 않은 시간 귀하지 않은 사람은 없다
나를 가장 아프게 하는 사람이
어쩌면 내가 제일 사랑하는 사람
간절히 바라던 사랑의 정체는 바로 나

내 마음이 빛나야 세상이 빛나더라
너를 사랑해야 내 마음이 빛나더라

데칼코마니

나무 아래에서 너는
노란 눈물 바람으로 지나간다
버스 안에서 너는
흔들리는 빛의 산란으로 스친다

하염없이 떨구는 시간
너는 나의 내일을 닮았다
마지막 한 잎의 떨굼마저 초연한
너를 닮고 싶다

아직 물들지도 못한 채
떨구어진 삶은 아프고 아프다
질 때 지더라도 제대로 살다가
때가 되었을 때 가야 곱지
가을 너처럼

한낮의 단상(斷想)

웅성거리며 소리가 잽싸게 달아난다
쫓기는 마음은 무동력 차에 탑승하여
침묵하는 시간을 나무란다
아직 떠날 때가 아니라고
기다리는 이 있노라고
노을에 출렁이는 산과 들
탐닉하는 눈은 체념하며 붉어진다
시월도 쓸쓸한 가슴도 앞다퉈 과속하다가
서늘한 대류에 체포될까 걱정이다
시퍼런 하늘을 달구는 태양이 제풀에 겨워
햇살 한 올까지 익혀 가을 맛이 진해지면
나도 어우러져
잘 익은 홍시 맛이 났으면

음악 유영(游泳)

끈적한 재즈 음악과 노래가
파리 센강으로 흘러가는 사진으로
나 들어간다
후덥지근한 찌꺼기가 아직 남은 오후
미지근한 커피를 마시며 미적거리는
너를 넌지시 찔러본다

높아지는 하늘이 가을을 데려올 테고
무료한 심장은 떠난 자의 빈 의자에
수북이 쌓인 먼지와 추억을 털며
붉었던 단풍을 어렴풋이 찾아 헤맬 테지

주저리주저리 길어진 푸념만큼이나
우리 인연도 이어지면 좋겠다고
빈말이라도 던져 볼까
저음의 재즈로 울리며 두드리는
너를 만나고 싶다

친구야

아픔을 이겨내고 퍼석하게 말라가는 세월
두꺼워진 하얀 속살에 묻은 수줍은 미소
술잔에 젖은 입술로 걸쭉하게 쏟아내는 애환은
마요네즈에 찍어 바삭하게 씹는 먹태 맛이다

정처 없이 흘러버린 시간에 취해
휘청거리는 소녀야
누가 눈가에 줄 긋고 도망갔냐고 묻지 말자
벌컥 들이킨 추억이 싸하게 목을 넘는다

예뻤다
옥녀봉 소풍 길 너와 나는
아직도 예쁘다
생의 파도 위 우리여도

수줍은 소녀의 두 볼이 다시 붉어지는 밤
안줏거리는 그 섬에 정박 중인 사랑과
표류하는 현실 속
나 아닌 나의 부산물이다

잃어버린 순수

세월과 앞다툼 하며 달리는 사이
속도에 못 이기겠는지
탐욕의 나이 쓴 육신만 헉헉거린다
빛나던 젊은 추억은 색을 잃었다

어디쯤에서 놓쳐버린 걸까

허전함에 뒤돌아보니
없다

길게 늘어선 그림자 뒤에 남은
흐릿한 흔적 따라가면
찾을 수 있을까

우야꼬 2

죽도록 사랑했던
아린 심장의 파편은
시가 되어 남았고
너는 떠났다

죽도록 미워했던
쓰린 감정의 찌꺼기는
시가 되어 사라졌고
나만 남았다

너는 떠났고

나만 남았다

사랑은 만년설에 묻혔다

어느 심장은 8월도 겨울이다

4부
짙은 그리움이 가렵다

예기치 않게 들려오는 그 이름에
되살아난 그리움
여름은 또 그렇게 가슴앓이로 후끈거린다

내 고향은 그랬다

짙고 푸른 숲만큼 고독도 짙었다
덩그러니 집 한 채 보일 때까지
산속에 나 하나 하늘 아래 나 하나
외로운 영혼이 눈알을 굴리던
그 시절의 바다는 짜기만 했다

깊고 푸른 쪽빛만큼 꿈도 깊었다
뭍을 향한 동경이 날카롭게 물꽃 피우던
그 시절의 바다는 아프기만 했다
뭍으로 떠났던 아이 세파에 밀려
포말 이는 심장이 바다를 찾는다

그 바다
짜기만 했던 게 아니었구나
아프기만 했던 게 아니었구나
갯내 싱그러움이 다시 부른다
해초의 춤사위가 상처를 휘감는다
파도의 혀가 마음을 쓰다듬는다

그리워 찾아 든 내 뿌리
그래 이 바다 금오도
고향은 엄마의 따뜻한 양수 그것이었다

그 집의 상사화여

장독대 옆 뒤란 텃밭 둔덕에
해마다 신비를 피우던 그녀 곁
떠났네, 다 떠났어라

바쁘게 종종거리던 수건 쓴 여자도 바지게 벗어 놓고 담배로 시름 달래던 남자도 누렁이 풀 먹이러 드나들던 소년도 조약돌 모아 공기놀이하던 꼬마도 사라졌네, 모두 떠났어라

그리워 꽃대롱 가늘가늘 올리고 담벼락을 올려 보아도 찾는 이 없었겠지 빼들빼들 말리는 생선 비린 내 사라지니 고양이도 발길 끊은 산속 작은집에서 피었다 무너지기 몇 해였던가 오지 않는 이들을 하염없이 기다리며
혼사랑 올렸네, 꽃잎 또 열었어라

담쟁이와 하눌타리 무성한 고향 집터
이제는 구름만이 드나들며 쉬어 가는 곳
돌담 덮던 능소화도 주저앉은 지 오래건만
여름이면 분홍의 순결 토해
붉게 피었네, 외로이 피었어라

애절함을 먹고 사는 그대는 영원한 사랑의 꽃이어라

비렁길

삼십 년 세월에 익어
나는 늙어지고
삼십 년 추억을 먹어
너는 젊어지고

내 머리숱 가르마는 넓어져
찬바람 달리고
너의 오솔길 또한 넓어져
경운기 다니던 길 자동차 달린다

짙은 그리움이 가렵다

너라고 이인칭으로 부르던 과거 지나
그 사람이라는 삼인칭으로 잊힌 어느 날
강물에 흘려보낸 설렘이
여울목에서 물보라로 다시 피어오른다

예기치 않게 들려오는 그 이름에
되살아난 그리움
여름은 또 그렇게 가슴앓이로 후끈거린다

사랑은 청춘은 그런 것이다
다 잊었다고 생각한 사랑의 상처는
한 무리의 구름으로 흩어지다가도
모기에 빨린 자국처럼 문득 가려워진다

또 칠칠찮게 비 뿌리는 여름에는

푸른 밤 비는 내리고

낯선 밤비가
낯선 제주 바다에 내린다
산책하는 이방인을 경계하는 뿌림
촉촉하다가 차갑다가
짠맛이 느껴지는 즈음
마음은 단맛을 느끼고 있었다
너를 마음에 담고 있어서였을까
시간의 여유가 달콤해서였을까
바다가 거친 숨을 몰아쉰다
혀를 날름거리며
파편을 보냈다가 거둔다
사랑이라 부르고 싶은 그대가
왔다 가는 과정도 그랬다

바람이 머무는 곳

잊어버린 시간을 만날 수 있을까요
잃어버린 사랑을 찾을 수 있을까요

그대가 떠나버린 곳
내가 찾아가야 할 곳
그곳을 가리키는 바람이
나뭇가지에 걸렸다고 믿는
나는야 반푼이

숲의 눈물이 쌓여
콩이끼를 키운다고
나무의 한숨이 바람을 만든다고 우기면서
등 떠밀려 간 그 길 끝에
슬쩍 나를 내려놓고 싶어요

그루터기

삼나무 눈물로 이끼를 키우는 사이
아름드리 거목이 되었을 터
덩치가 커질수록 횡포 부리는
대기업이나 당파가 그러하니
숲에서 으름장 꾀나 부리겠다 싶지만
아니었다

서 있을 때도
앉은뱅이가 된 후에도
기생 식물의 든든한 버팀이 되어 있다

늙은 어미 아비 돌아앉은 모습으로

궤변 1-정의하지 않을 권리

시란
예술이란
인생이란

느끼는 것
찾아가는 것
알아가는 것
그러다 깊어지는 것
그때 비로소 배우는 것
끝내 인간다운 인간이 되기 위해
몸부림치는 과정

고로 시는
곧 예술이고
곧 인생이고
마침내 도달해야 할 참다운 나다

궤변 2-정의 내릴 의무에 집착하여

사랑이란
술이란
욕망이란
참을 수 없는 것
취하는 것
중독되는 것
행복과 아픔 사이에서 혼란스러운 것
그때 비로소 깨닫는 것
영원한 것은 없다는 것
오르가슴처럼 짧고 허무한 것에 대한 갈망
고로 사랑과 술과 욕망은
곧 찰나의 행복이니
사라지기 전에 취하라
깨고 나면 밀려올 고독과 숙취와 허무
그 고통의 후폭풍까지 견디며
즐긴 후 책임져야 할
생의 뜨거운 감자다

확언

꽃처럼
너는
능소화처럼
너는
사랑하라

끝끝내 피어
나는
벽을 넘어
나는
살아가리

논두렁 밭두렁

비 오는 날에도 들에 나가
매일 조금씩 풀밭에
채취를 남겨두셨나 보다

멀리 떠나 안 계신 들길이지만
해가 거듭될수록 짙어지는 향수(鄕愁)
정리되지 않은 부정(父情)의 습도를 올린다

소 꼴 베어 짊어진 바지게 사이로
흘러내린 땀이 비에 섞여 몇 방울
막걸리 한 잔에 흥겨워 갈지자 긋는
삶에 찌든 걸음 따라온 미소 몇 방울이
비에 희석되어 숙성되는 여름

발목을 스치는 풀길에서
뜬금없이 푸릇하게 퍼지는 아버지 냄새

배타적 대화 단절

칠월은 갈등이 익어가는 계절

습하고 어지러운 속
뒤죽박죽된 정서의 늪에 앉은뱅이꽃

물건이 널브러진 방
얼룩진 바닥만 보는 매의 눈에 비껴가고
시간과 함께 돌아가는 에어컨
집 안 공기는 차갑게 식어도
그들 속 응어리 온도는 상승 중

만개의 갈등이 도사리는 침실에
반쪽은 냉방 반쪽은 사우나

팔월은 감정이 쉬어 터지는 계절

나는 섬이네 어쩜 영원히

간절한 기다림은 섬의 숙명
몇 날 며칠이 지나도
날 찾는 이 아무도 없어

누가 오든 외면하지 않고 반겨 맞지만
발 벗고 임 찾아 나설 줄 몰라

동경 가득한 시선 갈매기의 꿈 좇지만
세찬 바람 피할 줄 몰라

바다 깊이 뿌리내린 채로
하늘 담아 흐르는 바다와 밀당하며
야박한 파도 견디는 섬

뭍으로 도망 나왔어도
위태하게 삶의 파도 끌어안은 나는

변두리의
작은 섬이네, 아직도

망각의 파편들

초록색 밑줄 그어 접어놓은 마음
형광펜 표시하고 넘긴 추억
모퉁이 접어놓고 펼쳐보지 못한 약속
잊혀가는 색 바랜 표식들이
아리송한 제목을 달고
곰팡내 섞인 서재 한구석에서
먼지가 되었다
시간에 밀려 생의 한쪽에서
체념하고 있다
몇 사람의 인연을
무심결에 넘겨 버리는 동안
나 역시 그들의 인생에서
그냥 넘겨졌을 테지

갈림길에서 다른 길로 떠나간
발자국 위로 낙엽
쌓이고, 쌓이고, 쌓여서
처음이란 꼬리표 단 마음에
손가락 걸었던 약속
바래고, 바래고, 바래서

수락산이 그립다

하늘이 펑펑 울어댑디다
산은 말없이 받아 내며 참다가
꾸역꾸역 슬픔을 토해 내며
긴 한숨으로 허연 안개 뭉실뭉실 피워
산자락 따라 흘러가며 신호를 보냅디다

괜찮아 금방 맑아질 거야
침묵의 언어로 위로합디다

땅은 가슴을 열어 눈물 받아 내고
제 가슴골이 다 파이도록 참아 냅디다
상처 난 가슴으로 아픔은 긁어내야 한다며
문드러진 속 뒤집어 누런 살 내어놓습디다

괜찮아 곧 다시 마르고 단단해질 거야
몸소 질퍽대며 위로합디다

꽃씨 하나 품어 봐

혹한의 겨울을 지나서도
꽃샘추위 기세에도
해마다 꽃 피워 상처를 덮는 건
땅속에 씨앗을 품고 있어서 그런 거야

가혹한 시련 견디고
뼈 아픈 이별 지나가도
다시 사랑으로 꽃피우려거든

가슴에 씨앗 하나 품어 봐

바람 부는 들에 서서
부푼 희망의 싹 물오르기 기다리는 심장아
들에 울긋불긋 봄이 트면
초록이 돋을 거야
가슴에 울렁울렁 꽃 피면
심장이 벙글 거야

고향의 봄

고구마 뒤주에서 알진 녀석들 꼼지락거리며
기어이 숨 자리 만들어 싹눈 떴다
씨고구마 움트면 봄이 태동한다
눈뜬 여린 싹들이 땅을 갉아맬 것이다
주먹 쥐고 눈 질끈 감고 머리 꼿꼿이 세워
지하를 벗어나려는 처절함으로
지상을 갈망하는 열정을 치켜들 것이다
고매하다 칭송받는 매화
귀엽다 눈길 받는 봄까치꽃
거친 들판에서 손톱 닳도록 머리가 벗어지도록
안간힘으로 솟아오른 희망의 씨눈들
부스스한 눈 비비고
길게 기지개 켜는 싸한 차가움
그 싱그러운 냉기가 봄맛이다
겨울 늪에서 쉽게 물러서지 않고
서슬 퍼런 춘설로 마지막까지 포효하던 동장군
칼날 거두는 냉전 시대의 종말
또 찰나의 꽃 날 열렸다
전설의 고향이 되어버린 추억의 삼월 코끝에
뒤주에서 몸부림치던 씨고구마 흙냄새 스치니
아 봄인가 보다

마음을 준다는 것

내게 오는 길은
구름으로 제방을 쌓는 일이야
그대에게 가는 길은
모래로 파도를 멈추게 하는 일이고

그렇게 어렵게 내게 왔으니
그렇게 불가능을 딛고 너에게 갈 거야
역부족을 극복하려는 몸부림으로
그보다 더한 고통을 안고 기다릴 거야

심장에 새긴 소중한 그대여
마음의 끝이 허무한 구름이나 모래성일지라도
내게 향기로 스며든 너니까
네게 꽃으로 살랑거린 시간이 쌓였으니까

3시부터 설레고 싶어

비가 오면 때마다
한 통의 문자를 보내 줘
눈이 오면 때마다
너의 목소리를 들려줘
함께 걸어갈 때는 항상
왼쪽에서 걸어 줘
바람 좋은 날
막 깎은 풀 향이 나면
너를 떠올릴 거야
빈 의자 옆에 앉아도
빈 마음으로 울고 싶지 않아
곳곳에 너의 흔적을 남기며
날 길들여 줘
오후 4시에는 내게 문자를 보내줘
만나서 커피 한 잔 마시자고 해줘
오후 4시에는 창밖을 바라보게 해줘

5부
나는 감동 없는 드라마

웃는 너의 눈 속에
내가 들어갈게
너는 웃는 내 마음에 들어와

WWW. 세상

WWW.네마음.보여줘.CO.KR
사이트를 연결할 수 없다는데
도대체 어디 있는 거니
다시 한번 입력해 보는
내 마음은 그대 안에라는 사이트
ID는 바보야 비밀번호는 4랑해♡
자유게시판에 가득한 추억들이
생생하게 되살아나는 SNS 공간
5G 속도로 전송되는 내 마음도 찾아본다
WWW.내마음.찾아봐.CO.KR
진심 없는 감정이 전송되는 인터넷 인생
WWW. 세상이 파랗게 껌벅거릴 때
외로운 영혼들의 손가락이 춤을 춘다

길에서 길 찾기 1

수많은 인파 속에서도
오직 하나 둥둥 섬 하나

수억의 빛 속에서도
오직 하나 반짝 별 하나

수천 송이 꽃 중에도
오직 하나 방긋 너 하나

그림자 말고 빛을 보세요

마음을 준 하나만이
그대의 사랑입니다

길에서 길 찾기 2

믿던 당신이 아닌 것 같아
꿈꾸던 순간이 아닌 것 같아

내가 가는 이 길에
어제의 나는 없고
낯선 이가 나라고 하네

여전히 모르겠어
빈 껍데기 나는 누구인지
어디서 헤매는 건지

답을 줄 이 어디 계실까
어둠이 몰려오기 전 찾고 싶은데
공허한 메아리뿐 대답이 없네

길에서 길 찾기 3

보이지 않는 널 찾아
모래 폭풍 속에서 헤매고
신기루를 보며 달려가 보지만
갈증은 잦아들 줄 모른다

넓고 넓은 지구별에서
하필 너를 사막에 보내
외로움과 그리움의 정체를 찾게 했는지
답을 찾으려는 생각이 회오리친다

수수께끼 같은 말만 하는 누런 뱀들
아무것도 아닌 꽃 수만 송이
쉴만한 그늘 하나 없는 세상에서
그림자 없는 영혼이 친구를 찾는다

노을 서정

서산을 넘기 전 해는 여운으로 물들어가고
어둠을 맞이하기 전 도심은 해그림자로 차분하게
갈아입고 쉴 준비를 한다

피곤함에 지친 몸은 휴식을 원하지만 아직 남아 있
는 어스름이 못내 아쉬워 해를 등진 산에서 쉬이
떠나지 못한다

은밀한 별빛 하나 숨어 반짝이던 꿈길 같던 시간도
지구의 자전처럼 마음에서 가려지고 멀어져 아련한
노을빛으로 퍼지며 사라진다

뜨거운 피의 원치 않은 휴식 시간이 연모하는 법을
모르는 외톨이의 신음을 외면하고 허무의 온도 안
에 안주한다

하늘의 별이 반짝이기 전 밤을 준비하는 인간의 별
들이 하나둘씩 빛을 내면 마트 로고가 적힌 봉투라
도 하나씩 들고 안식의 터널로 들어서곤 하던 시절
의 그리움도 하나둘씩 전원이 켜진다

차츰 식어가는 뜨거운 피는 빈 마음을 다독이며 아메리카에서 아프리카를 건너 아시아를 잇는 방랑자의 희미한 동맥을 찾는다

손안의 작은 우주에 빠져 울타리 없는 거대한 세상 유랑하며 오래전 낙오한 발자국을 찾는다 어둠이 존재하지 않은 밤에는 뱀파이어도 정체성을 잃고 충혈된 눈으로 시 엮는 노안의 핸드폰에 입맛을 다신다

소유와 행복의 경계

허영에 들뜬 눈이 탐욕스럽게
유리 상자 가득 별과 금과 꽃을 채우면
넘치는 숫자만큼 행복의 잔고도 넘칠까

가지고 싶은 건 가두는 게 아니야
그냥 지켜보거나 흘러가게 하는 것이지
살며시 빗장 열어
간직하고 있던 보물을 놓아 주렴

잃는 게 아니라 풀어주는 거야
사라지는 게 아니라 놓아주는 거야
주는 게 아니라 나누는 거지

마음과 관심을 쓸 수 있는 것만
내 것이라 말하며 간직하는 거란다
아이야

나는 감동 없는 드라마

예쁜 줄 알았어
행복한 줄 알았어
가장 현명한 줄 알았어
너의 눈이 웃어야
비로소 내가 아름답고
너의 마음이 웃어야
비로소 내가 행복한 거였는데
퀭한 너의 두 눈에서 난
시들어가는 꽃일 뿐이고
공허한 두 눈 가득 이슬 맺힌 넌
아린 상처투성이 외로운 나무더라

웃는 너의 눈 속에
내가 들어갈게
너는 웃는 내 마음에 들어와
인정 없는 우쭐한 행복은 무채색이야
찬사가 넘쳐도 심장이 벙글어지지 않더라

방황의 시작

자아를 가둔 감옥을 떠나
고립 속으로 떠나는 의식

구름 몇 점 흐를 뿐인 곳에서
홀로 여왕이 되어 다스리는 이상

그대 자신을 재판하라
그대에게 사형 선고를 내려라
그리고 용서하라

그대는 어느 별의 오만이며
어떤 빛깔의 자존심을
걸치고 있느냐

머릿속의 언어

산마루 넘다 고사목 가지에 걸려 찢긴 구름 사이로 스멀스멀 기어들어 간 벌레가 엘러지(allergy)를 일으킬 때 멀뚱하게 바라보는 게으른 눈동자에 맺힌 이슬 출구를 찾지 못하고 멍울졌다

고개만 넘어서면 굴러서라도 떨어질 텐데 언제 열두 고개 넘어 합수머리에 도달하려나 심산유곡(深山幽谷)에 물안개 넘어야 할 고개만 망연히 바라보며 흐리다

허공에도 그릴 수 없는 그리운 이의 부재
비상구는 어디인가
어둠의 입안에 갇혀서도 또렷해지는 추상의 것들
마음인지 기억인지 사람인지 우주인지 알 수 없는 혼돈의 글자들

그만 톡 터져 세상에 희망으로 읽히거라

공항 가는 길

익숙한 곳을 떠난다는 것은
혼자만의 우주에서 하던 갑질을 접고
지금까지의 나를 버리러 가는 것
자유를 향해 내딛는 길에서
낯설지만 익숙한 표본들을 만나겠지

나를 완전히 벗어 버리고
새로운 자아를 무사히 찾아올 수 있기를
긴 방황이 끝나고 데려와야 할 평온
보물찾기를 위한 땅으로 날다

철새 떼를 따르다

켜켜이 쌓인 묵은 먼지를 턴다

처박혀 있던 널브러진 감정을 정리한다

많이 생각날 것 같은 하나를 외면한다

멀리서 작아진 나의 별을 바라본다

후련 그 뒤에 공허가 밀려온다

자유 낙하 이제부터 시작이다

너를 채우고 나를 비우든

너를 비우고 나를 채우든

찔끔 한 방울쯤 눈물이 스며야 이별이다

당신의 꽃이 되기까지

어떤 색 립스틱을 바르고
어떤 색 옷을 걸칠까
도도하게 턱을 올릴까
다소곳이 얼굴을 숙일까
초록 몽울 안에서 얼마나 단장했는지

봉긋한 입술 내밀 때
촉촉한 눈으로 바라봐 줄
그대와의 첫 마주침 후
그대 눈에 담긴 나에 대한 첫 마음이
달큰하고 고고한 장미향으로 남기를

내 간절한 기도는
하늘과 별과 바람만이 알겠지
수만 개의 반딧불 모아
단 한 사람 눈에
단 한 송이 꽃으로 피어나는 마법

눈물의 나라

미안하다는 말 한마디 없이 사라진 존재
비가 오면 자욱한 안개로 피어
을씨년스럽다
말은 울컥하며 식도에 걸리고
눈동자는 먹구름 뒤에서
별을 찾느라 분주하다

눈에서 물이 흐르면 꽃물이 되고
가슴에 물이 고이면 옹달샘이 된다고 해도
소리 잃고 방황하는 언어와 두드림은
비극영화의 앤딩 음악처럼 진동한다

나더러 어찌하라고 수문을 여는지
미운 사람이라고 혼내야 하는데 토닥인다
그리움과 연민의 또 다른 언어에 마비되어

어린왕자여

물리적 거리가 멀어질수록
심리적 거리는 좁혀진다

느린 걸음으로 질척대는 시간이
둥근 별에서 미끄러지며 해를 쫓는다

해넘이를 보고 싶은 슬픈 마음이
속도를 높여 가을로 간다

나의 위성이 되어버린 그대 때문에
하루에 마흔네 번이나
뜨고 지는 걸 보고 싶은 마음으로
의자를 옮겨가며 노을을 모으는 아이
내 안 작은 소행성에도 살고 있다

재촉

아직은 푸르고자 하는데
입동이라 재촉하며
나도 물들었으니
너도 물들라고
노란 은행잎이 옆에 와
아는 척

아직은 청춘이고자 하는데
야릇한 눈빛으로
너도 이제 늙어가니
나를 외면하지 말라고
벽을 타는 담쟁이
힐끔힐끔

숫자의 굴레

하나는 둘보다 작고
둘은 셋보다 작다

스물은 잊어버린 게 스무 개
서른은 잃어버린 게 서른 개
마흔은 놓친 게 마흔 개
쉰은 못한 게 쉰 개
예순은 후회되는 게 육십 개
일흔은 그리운 게 칠십 개
여든은 정리할 게 팔십 개
아흔은 걱정거리가 구십 개
백은 그냥 백지 영 개
숫자 영은 소중한 모든 걸 담는다
영혼마저

내 나이 오십
채우지 못한 낭만 오십 개
혹은 잃어버린 순수 오십 개

청개구리에게

등대고 기댈
집 한 칸이면 돼

은근히 귀찮게 굴어도 마음 쓸
고양이 한 마리면 돼

이야기 들어 줄
친구 한 사람이면 돼

복잡한 세상에서 순수의 마음
잃지 않으면 돼

나는 타인이다

소파에 등을 묻고 한 손엔 스마트폰
쉼 없이 영상을 더듬는 눈
감동스토리를 연이어 보아도 안구는 건조하다

홀로 쫓기는 시간을 탓하며
침묵하는 너는 내가 아니다
나였던 적이 있었는가

세뇌당한 판단은 미디어의 노예가 되었고
단·짠에 길들어진 미각은
배달의 민족 후예가 되어 가고
흘려 쓰던 악필은 함초롬바탕체가 되었다

나는 내가 아니고 너도 내가 아니다
타인의 타인이 내 거죽을 쓰고
나를 몰아내고 주인이 된 지 오래

이 시간쯤에서 그만
생텍쥐페리의 별에 홀로 핀 장미를 보러 가야겠다

고상한 어느 혼밥

현관문 열고 들어와도 그이 숨소리는 없고
어지러운 테이블 위와 거실에 고독만이 가득 찼다
장미 몇 송이 피어 향기로 요염 떨건만
핏기 없는 조명은 본체만체한다

빈 노트 위에 두 눈 내려놓고
무심한 마음은 와인 잔에서 색을 잃었다
투명한 잔에 꽃이 아롱져 퍼진다
유리에 맺힌 눈물이 또르르 잔에 고이면
아이들의 어린 기억을 휘저어 마신다

눈도 마음도 벗어 놓고
연정도 모정도 접어 두고
외로움 한 모금 홀짝 고독 한 숟가락 홀짝
추억 한 젓가락 찍어 빈 방문 한 번 힐끔
붉은 꽃도 입꼬리 내리고 힐끔
홀로 앉아 있는 4인용 식탁을 기웃거린다

사는 게 전쟁 같던 그 시절
간장계란밥에 김치 대충 썰어 넣어
둘러앉아 먹느라 시끌벅적했던 그 식탁을

6부
달팽이의 꿈

높이 오르는 대신 먼 길 도는
느린 달팽이로 살더라도
꿈꾸고 싶다

반백 인생길

살아온 절반
살아갈 절반
딱 한가운데 축을 잡고
평행을 유지합니다

명품으로 향해 가는 첫걸음이길 바라며
꽉 찬 탐욕을 비우고
영으로 돌아갈 순수의 길을 찾아
두 번째 여행을 시작합니다

혼돈의 뿌리가 어지럽게 번식하는
카오스의 세상이지만
포근한 가이아의 넓은 품에서
에로스를 꿈꾸는 아직은 서툰 나이

반백 살의 해(SUN)
오늘도 떴다 지건만
반푼이 인생살이의 해(ANSWER)는
여전히 오리무중입니다

세상 속으로

나만, 나만, 나만
힘든 줄 알았다
외로운 줄 알았다
일탈을 꿈꾸는 줄 알았다
안으로, 속으로 홀로 여행했다

멋진 인생도 힘든 인생도
아픈 인생도 외로운 인생도
한 잔 술에 녹아나고
서러운 나도 아름다운 나도
욕망의 나도 추억 속의 나도
한 곡의 노래에 있었다

유행가와 낯선 이들의 대화가
다 내 인생이고 사랑이었다
사람들 속으로 들어가니
내가 거기에 있었다

흔들리지 마

바람을 잡으려 했다는 걸
흩날리는 머릿결에 난자당한 순간
얼마나 어리석었는지 알게 되지

온화한 햇살에 터지는 꽃망울 따라
대책 없이 피워버린 사랑 붉었다지는 중원
뜨락에 놀러 온 햇살 부드럽기 그지없다

구름은 뭉쳐졌다 흩어지기 일쑤
바람은 흔들리는 들꽃 따위는 상관없이 지나가고
물은 길 따라 흐를 뿐인데 탓해 무엇하리

하시절 물과 바람과 구름처럼 헛되다
엉킨 머리카락 괜스레 마음 대신 잘라내니
꽃잎 한 장 맥없이 떨어진다

매일 가방 싸는 여자

과거로 떠난 여인은 그림자가 없다

추억의 집에는 창문이 없다

방음 안 되는 벽

차단 안 되는 시선

그 너머에서 저무는 해

길게 옷자락 늘이고

가을로 가는 심장

모두 감각을 잃었다

창경궁의 후원은

저리도 붉게 타건만

바람 따라

발도 없고
뿌리도 없는 마음
가끔 흔들리기도 하더라

이쁜 꽃 널 두고
그렇게
흔들리더라

밤바람이 좋아 그대 생각이 나

볼 수 없는 그대로 애태우던 시간
열기가 아스팔트를 데울 때
그리움에 목말라 끓었던 시간 있었지요

그대 볼 수 없는 시간마저도 이젠 부드러워
숨소리에 커피 향 입히며
가만가만 들춰볼 수 있는 빈 시간도 행복이네요

화끈거리던 낮 날의 열기 사라지고
밤 날의 바람이 시원하게 가슴으로 들어오니
미지근한 한 모금이 따스하게 넘어갑니다

생각으로 만져보는 손과 얼굴과 귓불
그리고 바람 한 올
이마를 스치며 씨익 웃고 갑니다

공존

살아지는 것과 살아가는 것

누구답게 사는 것이든

누구로 사는 것이든

함께 살아가는 우리

또 다툼의 날 밝고

화해의 밤은 침묵하더라도

다름과 다름이 버무려진 삶

1224번 버스를 타고 흔들리며 가는 곳

거기서부터 다시 사랑하자

기어이 살아가자

그 섬에 사는 바람

신우대로 만든 낚싯대 메고
볼락 낚으러 나선 머시매와
바구니 옆에 끼고 양지포구에
갯것 하러 나선 가시내는
수십만 번 물 드나드는 동안
파도의 침 섞인 바람 맞으며
머리가 희끗희끗한 아부지 어무니가 되었다지

한 줌 바람 파도 꼬드겨
머시매가 부는 휘파람과 섞이고
또 한 줌 바람 동백 향 실어
가시내 호미질과 숨바꼭질하며
용머리를 돌고 휘돌다 대부산에서 정이 들어
해송 뿌리 내린 비렁길의 주인이 되었다지

통통배가 만든 너울 소리와
해녀의 숨비소리 닮아가다
이따금 빈 집 지키는 탱자나무 가시에 찔려
갯내 흘리며 우는 바람
허연 혀 날름거리는 짓궂은 파도는
그 눈물 핥으며 무정한 세월 달랜다지

귀천

별도 지고
꽃도 지고
풀도 지노라니
당신인들 만년 푸르리오

외길 외로운 길
물 따라 흘러
임은 고향으로 가셨어라

새침한 물망초 미소
곱게 피어 햇살 즐기는 4월
어느 볕 좋은 날에

낙화하여 후드득 떨구었어도
책갈피마다 남긴 숨의 흔적
향기 배어 영원히 남으리라

-이외수 작가의 소천을 애도하며

엄마 생각

메뚜기 잠든 밭둑에서
새벽이슬 스민
바짓단에 젖은 풀냄새

인동초 한 줌 훑어 온 날에는
그 단맛 꿀맛 베인
향기로운 풀냄새

염소 몰고 나갈 때면
발길에 차인 풋내
차갑게 졸음 쫓는 풀냄새

아지랑이 필 때쯤
외로움 몰고 온
따끈하게 달궈진 나른한 풀냄새

여행 혹은 유배

풀도 없고 꽃도 없는 한 별로 가는
비행기에 무임 승차했다
공짜로 가는 길 불편하고
도착지 역시 불만스럽다
이리저리 밀린다
돌부리에 튕기고 삭정이에 찔리고
진흙에 발도 반쯤 빠져 난감하던 차
지나던 새 한 마리 끈적한 것
머리 위에 떨구고 간다
토끼 한 마리
갤럭시 워치를 들여다보며 바삐 간다
몸은 늪에 사로잡혀 허우적대고
정신은 까만 우주 속에서 헤맨다
내가 도착한 별은 어디인가
질시의 눈들이 이글거린다
퍼런 물 출렁이는 바다인가
허우적거리는 불안한 호흡 위로
수리 독수리 뱅뱅 돈다
모래사장이 하얗다가 누렇다가
이내 갯벌이 되기도 한다

점점이 박힌 사람들
사이사이 흐르는 아이들 소년들
기어가는 노인들 좀비들
모두가 나다
나는 걷고 있으나 발목이 잡혔고
웃고 있으나 이내 목이 꺾인다
이 별에 표를 사고 와야 했었나
반대쪽 금광에서 왕관 쓴 이들
똑같은 모습을 하고 허우적이는 눈동자
빛만 찬란할 뿐
아! 맺힌 게 없다
초록은 사라지고
아이도 사라지고
공기가 왕관을 쓰고 날아다닌다
서기 2020년대 그 별은 혼란하다
머리와 몸을 흔들어 깨워
다른 별로 날아가고 싶다

빠지고 싶어

마음 따라 물들어
번져 흐르는 미련
지는 법을 몰라
호수에 잠겨 후사를 기다리는
창경궁의 단풍

붉은 너에게
앙상한 가지에 걸려
흔들리는 나

흐르는 걸 어이하랴

시원한 물줄기 흘러 흘러
바다의 품으로 가는 걸 막으랴

가둬둔 물줄기 흘러 흘러
그대의 품으로 향하는 걸 막으랴

물은 바위에 부딪혀 허연 피 흘리고
구름은 피어올라 정처 없이 떠돌고

바람은 나뭇잎 흔들며 숲으로 가고
마음은 그대에게 무조건 달려가네

밤비 내리는 애월

담백한 마음에 녹아들며 비가
잠시 단맛 보인 후 긴 여운으로
주르륵 아득하게 아련하게
비와 같은 사람이 있었다고

후끈한 열기를 머금은 비가
구름에 잔뜩 실려 참고 참았다가
주룩주룩 훌쩍이며 내놓는 속내
그런 사람을 보냈다고

주르륵 주룩주룩 소리는 들리지만
눈물을 볼 자신은 없어
창문 반대쪽으로 돌아누운 곳
어둠이 보내는 소리

만나고 헤어지는 인연의 숫자만큼
성숙해지는 것이라 하네

파도의 꽃처럼 부서지는

산산이 부서져서 그렇게 가거라
거짓은 날리고 내 청춘도 흩어져
검은 갯바위 부산스러운 머리 위로
위선을 벗어던져라
이루지 못한 아픈 사랑도
채울 수 없는 버거운 숙명도
세월 파도에 떠는 나약한 마음도
모두 바람에 맡겨 흘려버려라

불어라, 매서운 바람아
일어나라, 슬픈 파도야
머리를 풀어라, 상념의 바위야
파도의 꽃 사그라질 때까지
그래
화를 내고 울어 버려라
가득 찬 버거운 것들 시커먼 것들
하얗게 피어올랐다가
파시시 사라질 때까지
초포 밤바다에 별이 다 쏟아져
물별이 될 때까지

갱년기의 아침

풀벌레 자지러지는 노래
가을 전령사가 달려오는 소리
여름 종말 알리는 매미의 파발
다급한 소리 들리니 더위도 곧 가겠지

불암산은 몇 개의 새집 숨기고 있길래
몇 동의 풀벌레 아파트 올려놓았길래
이리 요란하게 알람 울리는지
게으른 잠이 쫓겨 달아난다

무선으로 조정당하는 하루치 몸
어렵게 하나씩 지친 회로 켠다
말려있던 등 펴고 팔다리 뻗어
손발 가락 끝에 힘을 모은다

찌르르 전율 흐르고
우두둑 관절이 제자리 찾아가고
말초신경 긴장하니 위산 부글댄다
자동 스캔 된 일정 빼곡하다
그만 깨어 일어나라

백허그

가둘 수 없는 임이기에
차마 눈을 바라볼 자신이 없어
막을 수 없는 마음이기에
차마 심장 소리 감당할 수 없어
그대 등에 얼굴을 묻습니다

이별은 하지만 사랑은 끝낼 수 없기에
해가 다시 뜨는 한
기다림은 끝나지 않을 걸 알기에
그대 팔에 손 얹어 다독다독
젖은 두 눈 마주하지 않아도 다 압니다

끝내지 못할 사랑을 보낼 때는
제발 행복하라고
뒤에서 가만히 포옹하는 겁니다
사랑한다는 말 대신
끝없는 설움에 무너지는 어깨를
뒤에서 가만히 감싸주는 겁니다
잊지 않겠다는 말 대신

달팽이의 꿈

산그림자 마을까지 내려왔다
초록 촉수들
부대끼는 마음에 뿌리내린다
이끼가 자란다
열기 가득한 세상
뽀송과는 거리가 멀다
이글거리는 도로는
사람을 뱉어내고
노아의 방주 같은 빌딩은
사람을 삼킨다

우주에서 몇 호로 불리는지 알 길 없지만
태양 바라기를 멈추지 않고 도는 지구
타인에게 몇 번째로 새겨질지 알 길 없지만
바라기를 멈출 수 없는 한 사람

높이 오르는 대신 먼 길 도는
느린 달팽이로 살더라도
꿈꾸고 싶다

설레고 싶다

시/인/시/선/해/설

시에게 그리고 나에게 고함

 내 시들은 내 삶의 리듬과 불협화음을 노래한다. 내가 바라보는 세상은 완벽하지 않다. 나 자신도 마찬가지다. 그래서 나는 그 어긋남 속에서 아름다움을 찾으려 했다. 사람들은 모두 박자를 맞추길 원하지만, 나는 그 박자를 벗어난 걸음 속에서 나만의 리듬을 느낀다.
이 시집에 현대인의 불안과 고독, 그리고 그 속에서도 찾아낼 수 있는 아름다움을 담으려고 했다. *불협화음 속에서 조화*, *고독 속에서의 충만함*, *단순함 속에서의 기쁨*이라는 철학적 미학을 통해 인생의 여러 측면을 탐구하고 싶었다.
 나는 이제 막 터진 옹알이 지나 세상의 언어를 습득하는 어린아이처럼, 부족하고 서툴지만 조잘거림을 멈추지 않으려 애쓰고 있다. 나의 길은 순탄한 꽃길이 아니었다. 하지만 시인의 말에서 언급했듯이 나는 길을 탓하지 않으려 한다. 1집 「새벽 두 시」이 젖먹이의 옹알이였다면, 이 시집 「풀꽃 소리 듣다」는 홀로서기를 꿈꾸는 미숙아쯤이 아닐까?
내 어설픈 시들이 나온 배경에 대해 잠깐 토를 달긴 하지만, 읽는 분들은 각자 나름의 추억과 철학으로 받아들이기를 희망한다.

1부 *외로울 땐 바람을 불러* 외

 외로움은 인간 존재의 본질적인 감정이다. 그러나 나는 외로움을 혼자 견디기보다는, 자연 속에서 그 외로움을 치유하고 싶다. 꽃이 외로울 때 바람을 불러 향기를 날리듯이, 나도 내 외로움을 바람에게 털어놓고, 그 바람이 내 아픔을 멀리 날려주길 바란다. 나의 감정은 단지 내 마음속에만 머무는 것이 아니라, 자연과 연결되고, 그 속에서 치유된다. 물론 거기에 좋은 벗 하나 동행이라면 더할 나위 없겠지만. 나는 바람을 통해 꽃향기가 사람들에게 전달되듯이, 나의 감정도 누군가에게 닿길 바란다. 이는 나의 외로움이 단지 나만의 것이 아니라, 타인과 연결되어 있다는 것을 의미한다. '공유된 외로움'은 더 이상 고통이 아니라 결국, 인간의 상호작용과 사랑의 본질이 아닐까?

2부 *손 한 번 잡아주세요* 외

사랑은 항상 나에게 있어서 아픔과 그리움의 원천이었다. 그대의 하늘에는 여전히 별이 반짝이고, 그대의 바다에는 여전히 파도가 찰랑거리지만, 나는 감히 그 하늘과 바다를 올려다볼 수 없다. 이는 칼 융의 '그림자'와도 같다. 나는 그대와의 관계 속에서 상처받고, 아직 그 상처를 직면할 용기가 없기에 그 그림자를 외면하는 것이다.
이 시에서 나는 서정적인 표현을 통해 그대(사랑,

벗 또는 부모) 와 다시금 연결될 수 있기를 바란다. 억겁의 윤회 끝에, 만약 우리가 다시 스친다면, 그 때는 가만히 손 한 번 잡아주길 바라는 마음을 담았다. 이는 불교의 '연기설(緣起說)'처럼 모든 것이 인연으로 연결되어 있다는 믿음을 반영한 것이다. 우리는 누구나 소중한 이와의 이별을 겪지만, 언젠가는 다시 이어질 수 있다는 희망을 품고 싶었다.

3부 *나무가 되어서* 외

 나무는 나에게 있어 삶의 주기, 그리고 변화의 상징이다. 봄에는 꽃이 나무를 피우고, 가을에는 나무가 스스로 꽃이 되는 것처럼, 나의 삶도 자연의 흐름을 따르며 변화를 받아들여야 하는 것이다.
나무가 바람을 숨기고, 또 바람을 버리듯, 나 역시 내 감정을 숨기고, 때로는 떠나보내야 할 때가 있다. 사람은 언제 피어나고 언제 스스로 불타는가? 그런 질문을 스스로에게 던지며 내 삶의 계절을 돌아보게 된다. 하이데거의 '현존재의 시간성'처럼, 나의 계절이 어디쯤인지를 묻고, 나는 지금 어떤 감정을 숨기고 있는지를 자주 들여다본다.
 겨울나무가 맨살로 바람을 맞으며 서 있는 것처럼, 나 역시 청춘과 열정이라는 사랑을 보내고 나서 외로움 속에서 스스로를 버티고 있다. 그러나 그 자리에서 새로운 생명(또 다른 길)을 틔울 싹이 나올 거라는 희망을 붙들고 있다.

4부 *짙은 그리움이 가렵다* 외

 사랑은 한 번 지나갔다고 끝나는 것이 아니다. 나에게 사랑은 오래 남아, 한때의 설렘이 여울목에서 물보라처럼 다시 피어오를 때마다 예기치 않게 되살아난다. 여기서 나는 마르셀 프루스트의 "의지와는 무관하게 되살아나는 기억"을 떠올렸다. 그의 '무의지(無意志)적 기억'처럼, 나도 의도하지 않았는데, 특정 이름을 듣는 순간 과거의 그리움이 되살아난다.

 사랑은 결국 "다 지나갔다고 생각한 순간에도 다시 가려워지는" 것이다. 모기에 물린 자국처럼 사소한 자극에도 그 감정이 다시 떠오른다. 묻어 두었던 기억은 어느 순간 자극에 의해 다시 깨어나고, 그때마다 가슴 속 상처가 다시 가렵기 마련이다.

5부 *나는 감동 없는 드라마* 외

"나는 감동 없는 드라마" 이 시는 나의 감정, 그리고 타인과의 관계 속에서 발견한 허무함과 깨달음을 담고 있다. 처음엔 나도 내가 아름답고 행복하며, 현명하다고 믿었다. 하지만 그것은 나 스스로 느낀 것이 아니라, 타인의 눈과 마음을 통해 비로소 확인되는 것이었다. 너의 눈이 웃어야 내가 아름답다고 느껴졌고, 너의 마음이 웃어야 내가 행복한 것 같았다. 나 자신을 나의 시선이 아닌, 너의 시선에 비추어 정의하고 있었다.

하지만 그게 얼마나 허무한 일인지 알게 됐다. 너의 눈이 퀭해지고, 그 속에서 나는 시들어가는 꽃처럼 느껴졌다. 공허함에 가득 찬 너의 눈에는 나를 비출 수 있는 빛이 없었다. 그 순간 나는 깨달았다. 나의 존재가 네 감정에 달려 있음을, 너무도 깊이 의존하고 있음을. 너는 이슬 맺힌 상처투성이의 외로운 나무였고, 나는 그 너머에서 너에게 나를 기대고 있었다.

그래서 나는 결심했다. 더 이상 너의 눈이 퀭한 채로 있지 않게, 웃는 너의 눈 속에 내가 들어가겠다고. 나의 행복도, 나의 아름다움도 더는 네 시선에만 기대고 싶지 않았다. 나 자신이 자신의 감정을 느끼고, 스스로 빛나고 싶었다. "인정 없는 우쭐한 행복은 무채색", 그렇다. 사람들로부터 어떤 찬사를 받아도 진심으로 마음이 기뻐지지 않는다면, 그건 그저 비어 있는 행복일 뿐이었다. 내가 찾고자 하는 건 더는 그런 무채색의 행복이 아니다. 너의 웃음 속에서 나를 발견하고, 나의 마음속에서 너를 찾으며 함께 진정한 빛을 찾는 것, 그게 내가 진정 원하는 행복이다.

6부. *달팽이의 꿈* 외

무더위가 기승을 부리던 여름 축 처진 나는 내가 더운 아스팔트 위에 놓인 달팽이 같다고 생각했다. 달팽이는 내가 느끼는 삶의 방식을 상징한다. 빠르게 올라가는 대신, 나는 천천히 돌아가는 것을 선

택한다. 밀란 쿤데라가 말한 '느림의 미학'처럼, 나는 서두르지 않고, 천천히 그러나 꾸준히 나아가는 삶을 꿈꾼다. 사람들은 빨리 가길 원하지만, 나는 느리게 걷는 속도 속에서 더 많은 것을 느끼고 배운다고 생각한다. 물론 한때 '빨리빨리'를 스스로에게 주문하며 앞만 보고 달렸던 시간을 지나고 나서야 얻은 교훈이다.

헨리 데이비드 소로처럼 나는 자연 속에서 단순하게, 그러나 깊이 살아가고 싶다. 달팽이처럼 느리지만 꾸준히, 그리고 꿈꾸며 살아가고 싶다. 높이 올라가지는 못할지라도, 나는 그 느린 걸음 속에서 나만의 꿈을 잃지 않고 싶다.

「풀꽃 소리 듣다」이 시집에 내가 겪은 지극히 주관적인 감정과 삶의 단면을 진솔하게 담았다. 사랑과 상실, 외로움과 고독, 현대인으로서의 모순된 삶, 자연 속에서의 성찰이 교차하는 이 시들을 통해 나는 나의 내면을 탐구하고, 더 나아가 인간의 본질을 깨닫고자 했다. 그중 애착이 가는 시 몇 편을 소개하자면 "엇박자의 미학", "나는 섬이네 어쩜, 영원히", "풀꽃 소리 듣다"와 "내비게이션"이다.

"엇박자의 미학"은 나의 삶을 고백하는 이야기다. 나는 아픈 다리처럼 한 발짝씩 어긋난 삶을 살아간다. 절뚝거리며 걷는 발걸음도 나에게는 하나의 리듬이다. 완벽하지 않아도, 때론 박자가 틀려도 나는 그 속에서 나만의 음악을 만들고 있다고 생각한다. 내 삶은 예측할 수 없고, 여러 방향으로 뻗어 나가지만 그것이 나만의 방식이다. 내가 세상을 바라보며 느끼는 감정들은 니체의 '운명애(아모르 파티(Amor Fati))'처럼, 있는 그대로 받아들이려고 한다. 삶이 부조리하다고 해서 포기하는 것이 아니라, 그 부조리 속에서 나름의 조화를 찾으며 살아가는 것. 그것이 내가 말하고자 하는 '엇박자의 미학'이다.

"나는 섬이네 어쩜 영원히"는 나의 고독한 현주소를 솔직하게 담은 시다. 섬은 고독하지만, 그 고독 속에서 나름의 존재를 찾는다. 나는 사람들을 기다리지만, 먼저 다가서지 못하고 묵묵히 기다리는 편이다. 섬처럼, 나는 그저 바다와 하늘을 담으며, 파도에 부딪히며 견딘다. 고독은 피할 수 없지만, 그 안에서 나를 찾고 이해하는 과정이기도 하다. 나는 세상 속에서 존재의 의미를 탐구하며, 나의 고독을 수용하려 한다. 비록 외로움 속에 있지만, 그 속에서도 나만의 의미를 찾는 것이 중요하다. 나는 섬이다. 바다에 뿌리내리고, 고독을 견디며 살아가는 섬.

"풀꽃 소리 듣다"에서 풀꽃은 나를 상징하는 이미지 중 하나다. 나는 화려하거나 눈에 띄지 않아도, 나만의 작은 아름다움 속에서 자족하려 한다. 나는 타인에게 인정을 받기 위해 존재하는 것이 아니라, 내 삶의 방식대로 피어날 뿐이다. 작고 초라할지라도, 나는 그 속에서 행복을 느낀다.

영국의 화가이자 시인인 윌리엄 블레이크가 말한 "한 알의 모래 속에서 세상을 보는 것"처럼, 나는 풀꽃 한 송이 속에서 삶의 모든 아름다움을 느낀다. 타인의 시선이 나를 정의하는 것이 아니라, 나 스스로를 바라보며 웃을 수 있는 그 순간이 나에게는 가장 소중하기 때문이다.

끝으로 "내비게이션"이라는 시에 대해 언급하려고 한다. 나는 종종 현대인의 모습 속에서 길 잃은 사람들을 본다. 아니, 그 길 잃은 사람이 어쩜 바로 나다. 거미줄처럼 복잡하게 얽힌 길, 정보의 홍수 속에서 사람들은 자신을 잃어버린다. 네이버, 구글, 유튜브 같은 정보의 세계에서 우리는 생각하는 법을 잊어버리고, 타인의 생각을 그대로 받아들인다. 보드리야르가 말한 '시뮬라크르' 속에서 우리는 현실과 가상의 경계를 혼란스럽게 넘나들며, 점점 더 자아를 잃어간다.
나는 그런 혼돈 속에서 사유를 잃지 않으려 노력한다. 생각하고, 스스로 길을 찾으려 하지만, 정보의 홍수 속에서 나 역시 길을 잃을 때가 많다. 우리에게는 비판적으로 사고하고 대화할 수 있는 공간이 필요하다. 하지만 그것조차 점점 사라지고 있다는 생각에 안타까움을 느낀다. 내비게이션 없이는 모르는 길을 찾아가지 못하는 길치가 되어가는 나, 삶의 방향도 올바르게 인도해 주는 내비게이션이 있다면 그게 과연 무엇일까? 라는 질문에서부터 이 시는 나왔다.

이 시집을 통해 나는 완벽하지 않은 세상 속에서 나만의 리듬을 찾고, 불완전함 속에서도 아름다움을 발견하고자 했다. 외로움, 사랑, 상실, 그리고 그리움이라는 주제를 통해 인간의 본질과 삶의 아이러니를 탐구하며, 독자들과 그 감정을 공유하고자 했다.

나의 시들이 어딘가 어설프고 서툴게 느껴질지라도, 그것이 바로 나의 진솔한 목소리다. 마치 달팽이가 느리게 움직이지만 끝내 목적지에 도달하듯, 나는 내 방식대로 나아가고자 한다. 이 시집이 당신의 삶 속에서 작지만 깊은 울림으로 남기를 바란다.

끝으로, 나의 시가 당신의 마음에 잠시라도 닿는 순간이 있었다면, 그것만으로도 나의 여정은 가치가 있다고 믿는다. 나의 의도가 시에 잘 스며있는지, 시를 접한 분들에게 잘 전달되는지에 대한 고민은 이제 내려놓고 바람에 태워 보낸다.

은재 장지연